김 선 희 시집

바람 부는 날이면

지식과사람들

▮ 시인의 말

학창시절 교양과목을 가르치던 교수님 말씀입니다.

어머니가 살아계실 때는 차를 험하게 몰고 다녀도
두려울 것이 하나도 없고 든든했는데 어머니가 돌아가신
후부터는 왠지 불안하여 규정 속도, 신호등 꼬박꼬박
잘 지키고 안전에 무척이나 신경을 쓰게 되었다고.

나를 위해 날마다 기도 해주는 어머니가 안 계시니까.

어머니가 살아 계시다는 것은 가장 큰 자랑입니다.
살아 계시는 것만으로 희망이고 영광입니다.

삼십 년 넘게 한집에 살면서도
나만 보면 아이처럼 좋아하는 시어머니와
내 삶의 든든한 버팀목인 친정어머니와
사랑하는 가족들에게 부끄럽지만 이 시집을 드리고 싶습니다.

부끄러운 마음에 꼭꼭 숨겨두었던 마음들을
처음으로 세상 밖에 내놓습니다.

2020년 5월 어버이날에
김 선 희

•차례

제1부 집으로 가는 길

제2부
기다리는 마음

•차례

제3부
당신의 딸이고 싶은

제4부

제1부

집으로 가는 길

눈물 나는 보리 냄새
여운재 넘어오면 한대리 내 고향으로
엄마 보러 간다

향기 나는 무지개

이른 새벽 논두렁 풀 베고 오신
아버지 옷자락에 묻어온 풀냄새

뜨거운 여름 콩밭 매러 간
엄마 따라 온 구슬땀 냄새

목화솜 구름 피어나는 여름날
소나기 뒤쫓아 온 흙냄새

황금빛 보리 알알이 거두고
해 질 무렵 보릿대 태우는 냄새

호미 들고 엄마 따라가던 밭두렁에서
수줍게 웃던 달콤한 찔레꽃 냄새는

내 유년의 지지 않는 무지개

은적산 아랫마을

가을은 겨울 문 앞에서
벌겋게 수줍어하고
은행나무 줄지어 늘어서 있는
아스팔트 위에 황금빛 융단이 깔린다

엄길 삼거리 자투리땅에 살던 수수들
빨간색 푸른색 양파망을
여름내 뒤집어쓰고 있더니
은행잎 지는 소리에 놀라
주인집 창고 속으로 꼭꼭 숨었다

볏짚 태우는 연기
저녁놀 함께 피어나면
아버지는 벌써
보리갈이 끝내고 돌아오시고

은적산 아랫마을
장동 네거리에는
가을빛 은행잎들 수북하게 쌓여만 간다

생일

음력 4월 27일
보리 누렇게 익어가던 날
살림 밑천 장만한 성전댁

겨우 첫이레 지내고
보리논에 낫 들고 나갔다는
우리 엄마

눈물 나는 보리 냄새
여운재 넘어오면
한대리 내 고향으로
엄마 보러 간다

굽이굽이 여운재 넘고
덤재를 지나면
국도 23호선 내려 보이는 산허리

친정 가는 딸아이 지켜보는
젊디젊은 내 아버지랑
다음 그다음 생에도
꼬오옥 우리 엄마인
바위 같은 성전댁 보러

보리 누렇게 익어가는

내 생일날에는
덤재를 넘는다

무위사 가는 길

살구꽃이
하도 옆구리를
콕 콕 찔러
바쁜 일 다 팽개치고
무위사에 왔다

일주문 지나니
공양미 불전함
어제까지는
없었는데

카드뿐인 지갑이
부끄러워
샛길로 살짝

진달래 꽃잎 붉다고
내 옆구리
콕 콕 찌른 봄바람아
혹시 너어는

수줍은 복사꽃 뒤에서
사알짝 웃어주는
강진 무위사 찻집
기와 담장

웃는 모습이 참 이쁘네요

한의원에 갔습니다
무릎이 쑤시고 허리가 아파서

손가락 마디가 왜 아픈지 모르겠다고
이모 같은 분이 와서 앉습니다

나도 그런 적 있다고 인사를 하니
웃는 모습이 참 이쁘네요 라고 합니다

원장님을 만나지도 않았는데
쌩쌩하여 날아갈 것 같습니다

진료를 끝내고 돌아가는 길
화장실에 들러 살짝 웃어봅니다

보약 같은 말
웃는 모습이 참 이쁘네요

사월 없는 곳에 살았으면

까짓것 흑백 사진 한 장
강물에 던져버리면 그만인 줄 알았지요
더 이상 찔레꽃은 피지 않을 것이라고
엄마 떠나던 날 찬란하던 그 찔레꽃은

강물 따라 바다로 바다로 보내버리면
영영 그만인 줄 알았지요
찔레순은 차마 돋아나지 못할 것이라고
사월이 오고 또 사월은 오더라도

엄마 엄마 엄마 허기진 나는
사월 없는 곳에 살았으면
먹을 것 걱정 없는 오늘도
사월 없는 곳에서 살았으면

백삼십 원의 행복

고객님 만 백삼십 원입니다
회원번호 있으십니까

만 원어치만 주라고 했는디
백삼십 원이나 붙여불믄 어짜라고
기냥 만원으로 해줘
그렇게는 할 수 없는데요

만 원짜리 달랑 한 장 들고 온 할머니
깎아달라고 흥정을 한다
강진장도 아닌 마트에서

백삼십 원도 에누리가 안 된다는 마트 점원
만 원짜리 한 장 들고 왔다는 할머니
마트에는 에어컨 바람만 시원하다

백삼십 원 제가 줄게요
처음 보는 젊은이가 뭣땜시
고마워서 으짠다냐 복 받을 것이여

조그만 동전 네 개
껌 한 통도 살 수 없는 백삼십 원으로
백삼십만 원보다 더 큰 행복을 얻었다

기다림

당신은 날마다 숙제를 냅니다
기다림이란 힘겨운 숙제를
그냥 무시하고 싶지만 꼭 하게 됩니다

당신이 낸 숙제는
넓은 가슴과 참을 인 자(字)로 해야만 합니다
별을 헤며 둥근달을 보며
때로는 모기에 물리면서

오늘도 당신은 숙제를 냈습니다
그리고 참 바보 같은 당신의 당신은
밤새워 숙제를 합니다
당신의 발자국 소리가
뚜벅뚜벅 들려올 때까지

가을 타기

괜스레 슬퍼지는 초가을 오후
우체부 아저씨 따라온 지푸라기 냄새
가을 가을

유리창 밖 쪽빛 하늘에는
이런 구름 저런 구름
제멋대로 왔다 갔다

아 가을인가

하얀 반창고

환갑만 지나면 갈란다
술 드시는 날이면
녹음기 재생 버튼을 누른 것 같던
아버지 넋두리

수술한 발톱 채 낫지도 않았는데
되돌이표 없는 그곳으로 가셨다

하얀 반창고 엄지발가락에 감고서
음력 구월 보름달 휘영청 밝던 날에

해마다 구월이면
마지막 인사도 못 한
시퍼런 가슴들 사이로
하얀 반창고 밤새도록 교교하다

로또 당첨

오빠는 왜 이렇게 전화를 받지 않는다냐
전동차 충전기가 고장 나서 빌려다 썼다
택배가 오빠랑 막내 것이 바뀌었다

도라지 팔아서 십만 원이나 받았다
고들빼기김치 담갔다 갖다 먹어라
내일 영암장에 갈란다

다행이다
늙으신 어머니 가까이에 살아서
로또 당첨이다
친정엄마가 오늘도 전화를 하시니

형아 우리 사는 거제에 온나

설날이라고
부산 사는 작은댁 식구들이 왔어요
오랜만에 보니 웃음꽃이 집안 가득

유치원에 다니는 조카 녀석은
대학생인 큰애 뒤꽁무니만 졸졸
방바닥에 엉덩이 붙일 사이가 없네요

쬐고만 놈이 주머니에 손을 쑤욱 넣고
형아 형아 어디가
오리 새끼마냥 여기저기로 졸졸졸

형아 우리 사는 거제에 온나
좋은가 봐요
자기보다 훌쩍 큰 형이

꿈에

어젯밤 꿈에
아들을 보았다고
9월 14일
운전병 지원 입대한
큰아들을

잘 있을까
별일 없겠지
지금 군대는 군대도 아닌데
혹시 오늘 밤
불침번을 서는 것은 아닐까
잠이 많은 녀석인데

장남을 군에 보낸 아버지는
어젯밤 꿈 해몽하느라
출근 시간 늦은 줄도 모르네
처음이라서

쭈글쭈글 감자

어버이날이 낼모레
휴일을 맞아 친정어머니한테 가는 길
벚꽃 스러진 자리에는
눈송이 같은 아카시아 향기
오월을 노래하고

여운재 덤재를 품은 푸른 산들
새로운 잎들로 일제히 반짝반짝
커다란 브로콜리 같다

은행나무 반겨주는 내 고향 한대리
겨우내 창고 구석에서 뒹굴다 나온
싹 튼 감자 몸뚱이 같은
어머니 얼굴을 보니 눈 둘 곳이 없어라

오는 길에 아카시꽃 피었드냐
길가에 하얗게 피었던데
이제 참깨 심어야 것구나

닳아서 고장 난 무릎 수술하자고 꼬셔도
여름에 어떻게 수술을 하냐며 절대로
넘어오지 않는 고집불통 성전댁

어기적 뒤뚱거리며 참깨를 심는

성전댁 아들 딸 집에는 올 가을에도
고소한 참기름 냄새가 진동을 하겠다

천둥벌거숭이

벼들이 열병식 하는 너른 들판은 나의 출퇴근길
텅 비었던 논들이 진한 초록으로 물결치고
울 어머니 아침저녁으로 호미 들고 나서면
배시시 피어나는 나락 꽃들 태양을 유혹한다

통통통 경운기 트랙터
밀짚모자 눌러쓴 아버지 손짓 따라
꽁무니 새빨간 잠자리떼들
무서운 줄도 모르고 나대는
서호 들녘

이천 원어치만 밀어줘

팔순의 꼬부랑 할머니
목욕탕에 오셨다
혼자서

떨리는 손으로 계산을 하고
고단한 껍데기들 훌 훌 벗어
오뉴월 능구렁이처럼
탕으로 들어가신다

이천 원어치만 밀어줘
독천장에서 고등어 한 마리 사는 양
이천 원어치만 밀어주라고

혹 같은 아들딸들
참깨 털듯 탈탈 털어버리고
십 년 묵은 양은냄비 같은 몸뚱이는
불려도 불려도

허물처럼 두고 가신
지폐 두 장
당신 꼭 닮았다

새해 아침에

무술년 황금 개띠 해가 밝았습니다
월출산은 찬란하고 희망찬 태양을
기운차게 들어 올렸습니다

분명 어제 보았던 그 해인데
새해라고 부르니
이제 막 태어난 것처럼
붉고 새롭습니다

새해라고 말하니
천안삼거리 능수버들 같던 어깨는
천황봉이 되고
어둡고 움츠렸던 가슴은
합격 통지서를 받은
취업 준비생이 됩니다

새해 아침입니다
올해는
힘들고 아팠던 기억들
모두 지워버리고
얽히고설킨 매듭들도
시원하게 풀어서
살고 싶은 마음들 가득한
황금 개띠해가 되기를 기원합니다

새해 아침에 부르는 노래

2020년
새해 새날이 밝았다
경자년 흰 쥐띠의 해가

가슴을 활짝 열고
저 찬란한 새해를 맞이하자
지난날 눈물겹던 아픔과 슬픔들은
싹 다 도려내어 버리고
가슴 벅찬 설렘으로
새 희망의 노래를 불러보자

오늘 빛나는 저 태양은
어제를 살다간 그 누군가의
간절하고 간절한 하루

다시 일어나 뛰어보자
남들보다 작은 단점을 뛰어넘어
일등을 차지한 영리하고 지혜로운
십이간지의 쥐처럼
베를린올림픽 손기정 선수처럼
뛰어보자 달려보자

한 번만 더 고생하그라

첫딸을 낳았다
어머니랑 시누이가 왔다
축하한다고

둘은 있어야지야
서로 의지도 되고

덩그러니 놓인 봉투 하나
세종대왕님 익선관 세 개가
살며시 얼굴을 내밀고 있다

또 딸을 낳았다
어머니랑 시누이가 왔다
세분의 세종대왕님을 모시고

아가야
한 번만 더 고생하그라

이번에는 아들을 낳았다 떡두꺼비 같은
어머니랑 시누이가 왔다 봉투도
빙그레 웃는 세종대왕님이
열 분 아니 스물이다

내 친구 미선이

바느질 좋아하는 내 친구 미선이
글쓰기 좋아하는 나에게 연습장을 만들어줬다

나도 좋아하는 갈색 천에
아기 볼처럼 보드라운 양가죽으로 멋을 내고

한 땀 한 땀 박음질하여
똑딱 소리가 나는 단추를 달아서

예쁜 천을 보면 무작정 사고 싶은 미선이
좋은 책들은 다 내 꺼 하고 싶은 나

옛날에 엄마들이 쓰던 발틀이 갖고 싶은 내 친구
시집을 언능 내고 싶은 나

그 많던 발틀은 누구랑 숨바꼭질하기에
내 친구 미선이 애를 이렇게 태우는 걸까

미선아 으악새 은빛 물결 이는 올 가을에는
꼭 선암사 은목서 금목서 보러 가자꾸나

집으로 가는 길

하루 일을 끝내고 집으로 가는 길은
대봉 홍시 같은 노을을 만나
로댕의 생각하는 사람이 되어 좋고

재잘대는 여고생들의 함박꽃 닮은 웃음과
아버지 같은 버스기사와 트롯을 만나고
카멜레온 같은 논과 밭 월출산이 있어 좋다

졸다가 깜짝 놀라 깨어보면
신통하게도 조금은 더 가야 할 때
어머니 품속 같은 그 평안함이 좋고

하루의 긴장이 풀려서 자꾸만 자꾸만
눈꺼풀이 서로 가까워지고 집에는 다 왔을 때
그 아쉬움이 참 좋다

수술실 앞에서

사슴 같은 눈망울로 바라보더니
가만히 손을 꼭 잡아주던 너

걱정하지 마
다 잘 될 거야

스르륵
수술실 문이 열리고
무정하게 금세 딱 닫혀버렸다

망부석이 되어
열려라 참깨를 수만 번
외쳐보았지만 문은 열리지 않았다

수술 중 수술 중 수술 중 수술 중
회복 중
회복 중이라는 말은
감사합니다 고맙습니다와 같은 말이다

어느 날 갑자기

비 내리는 주말 오후
뒷산에 가기로 했는데
한낮이 지나도록 봄비가
앞마당을 기웃거린다

TV와 스마트 폰이랑 씨름하다
마당으로 나갔더니
그대 얼굴이 골목 가득

저만치에서
나를 보고 소년처럼 환하게 웃는
그대 얼굴이
줌인으로 훅하고 들어온다

이전 서류를 하고

박 삐리리 법무사에서 이전서류를 하였다
친정아버지가 두고 가신 그 논을 팔았다
빌라를 구입하고 엄마 살림살이를 새로 사고
아버지 제사와 추석을 지낼 때까지도
엄마가 우리 동네로 이사를 왔다는 생각이 들지 않았다
논을 팔고 이전서류를 건네고 난 후에야 비로소
고향 한대리를 떠났다는 느낌이
여름날 소나기처럼 밀려왔다
아버지가 쓰러지신 그 논을 팔아버렸다
돌아오는 길에 엄마 괜찮아 라고
몇 번을 묻고 물어보았다
가슴 한쪽이 한없이 시려서

제2부
기다리는 마음

억새꽃 손짓 하나에도
목젖까지 아려오는 그리움
초저녁별처럼 반짝인다

보리피리 불며

아카시아 향기 폴폴 날리는 오월
모내기 마악 시작한 논으로
앞산과 하늘이 이사를 왔습니다

노르스름 누릿누릿 익어가는 보리들
통통하게 살 오른 허리통에서
삘리리 삘리리 피리 소리 들립니다

오메 누가 이렇게 보리를 다 뽑아부렀다냐
호미 들고 밭에 가던 어머니
불호령에도 암상토않게
삘리리 삘리리

찔레꽃 무더기로 피어나는
논두렁에서 삘리리 삘리리
보리는 잘도 익어만 갑니다

보리

엿기름 하려고 심은 보리 서너 이랑
보릿국 끓여 먹어라 딸 한 바구니
된장국에 넣으라고 앞집 노인 한 주먹
이리저리 나누어도 보리는 쑥쑥

봄바람은 장난꾸러기

겨우내 깊은 골에 꼭꼭 숨은 봄바람
졸졸졸 물소리에 화들짝 놀라니
온 산에는 진달래 진달래

잠꾸러기 살구나무 감나무
살랑살랑 애태우고
부지런한 산수유
부시시 눈 뜨게 하는
봄바람은 장난꾸러기

춘곤증

아까
동생이 가지고 놀던 풀
시방 내 눈꺼풀에 붙었나 봐
나도 모르게
스르르

나비야 이젠 따뜻하지

서릿발 하얗게 선 이른 아침
차디찬 아스팔트 바닥 위에
납작 엎드린 고양이 한 마리
자동차가 지나가고 사람들이 오가도
꼼짝을 하지 않는다

하루 이틀 사흘
해가 지고 달이 뜨고
아주머니가 지나가고
할아버지가 보고 아이들이 쳐다봐도
고운 털은 그냥 그대로

엇그제 담장 위에 요염하게 앉아서
메주 만드는 나를 하염없이
바라보고 있던 길고양이 한 마리
차디찬 아스팔트 위에서 일어날 줄 모른다

황금빛 고운 털에 먼지 묻을까
닦고 핥고 온갖 모양을 떨더니
오늘은 먼지 폴폴 날리는 길바닥에서
움직일 줄 모르는 나비
깨끗이 손질하여 걸어둔 삽 찾아들고
햇살 잘 드는 단풍나무 아래 묻어주었다
나비야 이젠 따뜻하지

봄바람

후두둑 후두둑
빗방울 달리는 소리

눈 내리는 날에는
강아지가 되고

비 오는 오늘은
그냥 가만히 바라만 봐요

마당가에
병아리 같은 수선화
세 송이

가슴이 붕붕붕
커다란 풍선이
들어왔나 봅니다

살구 팝니다

장맛비 추적추적 내리는 토요일
영암장터 목욕탕집 담장 위로
쑤욱 얼굴 내민 나무 한 그루
가지가지에 다닥다닥
올망졸망한 것들이 수 없이 달려있다

매실인가 아니 덜 익은 살구인가
담장에 떡하니 붙은 종이 한 장
살구 팝니다
한 개에 100원
상담할 곳 삐리리

아하
매화나무가 아니라 살구나무구나
하얀 종이 위에 또박또박 쓴
살구 팝니다
한 개에 100원

장맛비 줄기차게 내리는 유월 어느 날
목욕탕집 담장 옆에 사는 살구는
팔려 갈까 무서워서
파랑도 노랑도 아닌 그냥
익으려고 폼만 잡고 있답니다

어짤랑고

가을로 접어든다는 백로가 낼모레
풀잎에 흰 이슬 맺히고
제비도 곧 떠날 텐데

옆집 감나무 꼭대기에
애타게 울어대는
짠한 매미 한 마리

매애애앰 맴맴
매애애앰 맴맴

여름은 벌써 저만치
맴 맴 맴 맴

어짤랑고
이제 가을인데
봄보다 더 빠른 가을인데

칭찬

가슴 속에 화롯불 하나
훅 들어 온 것 같아요
나도 모르게
입꼬리가 사알짝 올라가고
콧노래도 흥얼흥얼

소원을 말해 봐

날마다
날마다
기다렸어요
별똥별 떨어지기를

행여 오늘 밤
잠깐 한눈파는 그때에
휘이익 떨어지는 것은
아니겠지요

봄

비가 와요
친정엄마 같은
봄비가
시커먼 벚나무 가지가지마다
통통통 꽃봉오리가 마중을 나오지요
지난 가을 길촌덕이 자랑자랑하던
붉은 팥 같아요

가을은

가을은
풀벌레 소리 가슴에 들어와
빛바랜 사연들
또다시 설레는 계절

가을은
떠나버린 사람들
떠나 온 얼굴들
생활이 갈라놓은 마음들도
한 번쯤은
만나보고 싶어지는 날

가을은
희뿌연 먼지 둘러쓴
추억들을
반짝 반짝
밤새워 닦아 놓는 시간

레몬이 열렸어야

어제 보니까
창고 뒤에 레몬이
주먹만 하게 달렸더라
진작 알았으면
물이라도 줬을 것을
올 같은 더위에 어떻게 살았는지

엄마 집에 가서
언능 창고 뒤로 가보았다
안 보이는데
거기 있냐
바닥에

거미줄 무늬를 한 동그란 것이
환하게 웃고 있다
멜론이라고
물 한 방울 주지도 않았는데
대견하다

구사일생

가을 냄새 잔뜩 묻어나는 오후
찌그러진 허름한 거미줄에
달랑달랑 잠자리 한 마리

살아있나 그냥 갈까
노을빛 하도 고와서
살짝 담장 위에 올려주었네

어서 일어나 보렴
톡톡 엉덩이 두 대에
마술처럼 포르르
야호 살았다

새파란 풀밭 위로 포르르 포르르
장맛비 잠깐 멈춘 금요일 퇴근 시간에
저승사자 면담하던 고추잠자리 한 마리
일곱 빛깔 무지개 타고 포르르 포르르

가을에

바람 따라 온 지푸라기 냄새에
고개 들어보니 가을빛 하늘

끝도 없는 하늘에는
내 마음 같은 구름들이
왔다 갔다

콩닥 콩닥 설레는 가슴
억새꽃 손짓 하나에도
목젖까지 아려오는 그리움
초저녁별처럼 반짝인다

소낙비

바짝 마른 콩잎 같던
어머니 얼굴을
활짝 핀 복사꽃으로 만드는
요술쟁이

가을비

비가 오시네요
찬바람을 데리고
소리 소문도 없이

황금빛 볏논을 지나고
빨간 고추밭도 지나고
아직도 하얀 꽃을 달고 있는
울 엄마 참깨밭도 지나서

산비둘기 구구대는
깊은 산속 옹달샘 가
솔바람도 데리고
이 비 가고 나면
가을이 종종 걸음 하겠지요

기다리는 마음

입춘 지나 우수도 엊그제
시래기 같은 보리들 기다리는 봄은 언제 올까
짠한 마음에 아버지는 비료 들고 나서고

아침부터 온다던 봄비는 새색시인가
진눈깨비만 앞세우고
산수유 눈곱 떼는 저만치에서
오르락내리락

동백꽃

동백꽃
붉은 입술에
노오란 속눈썹

콩닥콩닥
설레는 가슴

살랑살랑 봄바람에
동백꽃
뚝 떨어지네

오매

백설기

앞마당까지 쳐들어온 동장군
장독대 옆 매화나무 동백나무
모두모두 꽁꽁꽁

고샅 고샅마다 소복이 쌓인 눈
엊그제 돌리던
은주 둘째 아기 백일떡인가

처서 지나면

더위가 그친다는 처서
처서 지나면 모기입이 삐뚤어지고
풀도 울면서 돌아간다는데

고삐 풀린 망아지처럼 날뛰던 무더위도
살포시 보듬어 주는 가을비는
어제 만났다는 견우직녀 선물인가

처서 날 비가 오면 큰 애기들이 울고 간다고
처서 지나면 입 삐뚤어진 모기들이 왱왱거릴까
처서에 비가 오면 독의 곡식도 준다더라

보랏빛 나팔꽃

하얀 빨랫줄을 타고 호박 넝쿨이
이쪽 지붕에서 저쪽 지붕까지 달려왔어요
가는 중간에 초록 호박 하나 낳아 숨기고

그 뒤에는 엄마 따라온 오리 새끼들처럼
빨간색 보라색 눈송이 같은 하얀색 나팔꽃들이
아침마다 기상나팔을 불어줍니다

가만히 귀 열어 들어보세요
깊은 바다 같은 하늘 한가운데
카레 맛 나는 호박꽃들과 에메랄드빛 애호박
도라지꽃이 되고 싶은 보랏빛 나팔꽃들의
꿈과 희망이 보이나요

찔레꽃

누런 보리밭 둑에서
초록의 산모퉁이에서
수줍게 눈인사 건네는 찔레꽃
찔레꽃 하얀 꽃을 보면 엄마 생각이 납니다

옛날
아주 멀지는 않은
군것질거리 흔하지 않았던 나 어렸을 때
산에 다녀오시는 엄마 나물 망태기 속에
새파란 찔레순 한 움큼

보리 냄새 바람 가득 실려 오는 날에는
찔레꽃 무덤 찾아갑니다
꽃잎도 가시도 이파리도 그대로인데
통통하고 달자근하던 찔구는 어디 가고
하얀 꽃 찔레꽃 달콤한 향기
눈물만 납니다

소쩍새

소쩍소쩍 소쩍소쩍
며느리에게 얼마나 작은 솥을 내주었으면
봄이면 밤마다 소쩍소쩍
저렇게 피가 나도록 울어대는 걸까 소쩍새는

개굴개굴 개굴개굴
너 배고픈 사정은 나는 몰라라
밤새도록 개굴개굴 개굴개굴

별 하나 보이지 않는 까만 밤
소쩍소쩍 개굴개굴
내년 봄 우는 소쩍새는 소쩍다 소쩍다

들길 따라서

이른 아침에 들길을 걸어보세요
연분홍 메꽃 수줍게 피어나고
병아리 같은 호박꽃 자랑스럽게 피어 있는
깨끗한 바람 불어오는
그 길을 걸어보세요
풀잎마다 반짝이는
별들을 만나러 오세요
오늘이 다 가기 전에

비

비가 옵니다
키다리 옥수수 하늘거리는 사이로
청포도 싱그러운 얼굴 간질이고
논으로 밭으로 산으로 들로

비가 옵니다
후두둑 후두둑
유리창에 마음대로 낙서를 하면서
아침부터 저녁까지
종일반 아이처럼 하루를 꼬박 채웁니다

비가 옵니다
어디선가 무너지는 가슴 모른 체하고
졸졸졸 노래 부르며 어깨동무하여
강으로 갑니다
봄나들이 나온 오리 가족처럼

제3부
당신의 딸이고 싶은

엄마 이다음에 태어나도
꼬오옥 내 엄마 해 주세요
그라제

다시 태어나도

보리가 익어가는
음력 4월 27일은 내가 태어난 날
그날은 하루 휴가를 내고 친정어머니한테 간다
아무런 기약 없이 찾아가도
어머니는
새로 밥을 짓고 미역국을 끓여놓으셨다

어머니랑 둘이서 밥을 먹고
말주변 없기로는 꼭 닮은 우리 모녀는
방바닥에 누워 낮잠을 늘어지게 잔다
엄마 이다음에 태어나도
꼬오옥 내 엄마 해 주세요
그라제

어머니 그때에는
입덧 하면서 그렇게 먹고 싶었다던
시뻘건 핀엿도 마음껏 사서 드시고
삼칠일이 훨씬 지나도록
손에 물 한 방울 묻히지 않아도 되는
그런 딸을 낳으실 것입니다

겨우 한 이레 지나서
낫 들고 보리논에 가야만 했던
그런 시집살이는

머언 달나라 이야기가 되겠지요
이다음 그다음에도
당신의 딸이고 싶은
4월 27일 내 생일날에

부끄럼 많은 성전댁

출근길 차 안에서 시를 읊조리다
엄마 관련 노래를 부르다가
눈물보가 터지고 말았다

무릎 수술하고 허리는 세 번이나 한
친정엄마가 엊그제 장날
갖다 준 보약 때문에

엄나무 오가피나무
왜 다 베어버렸냐 물어도
그냥 하시던 부끄럼 많은 성전댁이

보행보조기 밀고 다니며
밤낮을 함께한 온갖 나무와 약초들이
비 내리는 아침 어리석은 내 뼈들에게
안부를 묻는다

당연한 줄 알았다

바람 부는 날이면 친정엄마한테 간다
쓰러진 황소도 벌떡 일으켜 세운다는
산낙지 몇 마리 사 들고

괜스레 울고 싶은 날에는 덤재를 넘는다
찰기가 자르르 흐르는
쇠고기 한 근 끊어서

당연한 줄 알았다
마흔에 혼자 된 엄마가
자식들 다 키우고도 혼자서 살아가는 것이

혼자 밥을 먹고 잠을 자고 병원에 가면서
그렇게 늙어가는 것인 줄 알았다
우리 엄마는 그런 줄만 알았다

너만 먹어라

사돈댁에서 보내온 토종꿀 한 병
설탕은 하나도 먹이지 않은
그야말로 좋은 꿀이라고

너만 먹어라
친정어머니 말씀
날마다 한 수저씩
나 혼자만 먹으라네

어머니가 주신 토종꿀 한 병
나 혼자만 먹으라던 귀한 것
한 입 먹으려니
아들 얼굴이 어른어른

나만 먹으라고 주신 귀한 것
어머니 당부 어기고
아들만 먹였네

사랑

퇴근하고 부랴부랴 저녁 준비를 하는데
마실 갔던 어머니 개선장군처럼 들어오신다
작은 아그 왔냐 종갓집 노인이 적어주더라
네가 먹고 싶은 것도 없고
맛있는 것도 없다고 했더니

이것 먹으면 입맛이 그냥 돈다고 하더라
네모난 메모지에 믿음직스런 두 글자가
눈을 동그랗게 뜨고 나를 처다 본다

어머니가 구해오신 비타민 영양제
이름만 봐도 뭇 산을 옮길 것 같은 기운이 솟고
집 나간 며느리도 돌아오고 말았다는
그 가을전어 굽는 냄새가 진동을 한다

어머니와 콩

부엌에도 콩
세탁기 속에도 콩
살랑살랑 가을바람에
내 마음도 콩콩콩

올해는
서리태가 한 되에
이만 원이나 하지 뭐냐
아이처럼 신나게 콩 고르는 어머니

뻐꾹새 노래 따라 앞밭 뒷밭에
콩콩콩 어머니 호미 소리
가을햇살 아래 떼구르르
검은콩 파란콩 노란콩
콩콩콩 신나게 구르네

친정집 마당에는

봄 여름 가을이 사는 친정집 마당에는
한시도 쉴 줄 모르는 엄마 손길로 가득하다
장독대 옆엔 초록의 금잔디
마당 좁은 줄 모르고

가장자리에는 눈송이 같은 철쭉들
십 년 넘게 잊지 않고 꽃 피우는 붉은 장미
귀한 철쭉 못살게 한다고 허리 잘려도
또다시 새싹 틔우는 고집스런 동백나무

다른 한쪽에는 대나무 칭칭 감고 올라가는
더덕꽃에서 은은하게 울리는 종소리
바로 옆 난쟁이 해바라기 두 그루는
하루 종일 키 재기하느라 고개 아프고

남쪽 담벼락에 포도 호박 넝쿨들 신나게 벽 타기 하는데
그 아래 고추랑 가지는 약 올라서 입을 삐죽삐죽
설탕같이 맛있다고 엄마 사랑 독차지하는 아담한 배나무
저렇게 껄껄껄 웃다가 꼭 묶어둔 봉지 터지면 어쩔까 몰라

영암장날

오일 십일은 영암 장날
한대리 사는 성전댁은 새벽밥 묵고
첫차 타고 장 보러 온다
새참거리도 배낭에 짊어지고

병원으로 약국으로 농약상회로
조합 들러 비룟값 농약 값 갚고
눈을 떴다 감았다 한다는
고등어 서너 마리 사고
처녀도 늙은이도 모두다 천원이라는
빨간 바가지도 하나 샀다

꼬깃꼬깃 천원 만원 지폐들
저마다 새 주인 찾아가면
홀쭉했던 배낭은 남산만해진다

버스정류장까지 따라왔던
검둥이 줄 생선 대가리도 얻고
하루 한 번뿐인 마을버스 떠날까
허둥지둥

영암장날 어머니 발걸음에서는
총소리가 난다

성전댁 기 살려주기

엄마 어디예요
회관에 있다
뭐 필요한 것 있어요
아무것도 필요 없다
두유도 있고 다 있다

피자 가장 큰 것
달달한 양념 통닭
새콤달콤한 귤 한 박스랑
덤재를 넘는다

피자도 테레비에 나오니까 먹고 싶드만
오는 사람마다 먹어보라고 권하는
성전댁 목소리에
스팀 다리미가 쓰으윽 지나갔다

엄마 내일 아침에는 꼭
이 미역국에 식사하세요
하룻밤도 함께 못하고 돌아오는 길
잘 나가던 자동차도 속도를 못 내고
낑낑거린다

자식

볏논에 피사리하고 오신 어머니
자식이란 것이 뭣인지
잘못한 일들은 하나도 생각 안 나드라

차표 끊어주며 먼저 가라는 것을
니가 먼저 가라 등 떠밀어 보내고
가는 뒷모습이라도 보고 싶어

기사양반 잠깐 서울 가는 버스 좀 보고 올라요
둘러보니 내 자식 탄 버스 벌써 떠나버렸고
당신 탈 버스도 저 멀리

젊은데 뭣인들 못 하고 살것냐
얼굴이 안 됐드라
몇 번이나 말씀하시는 어머니

당신 짐 보따리 찾느라 고생한 것은
아무것도 아닌 어머니는
오늘도 논으로 밭으로
마음잡으러 다니신다

훨훨훨

콩 심어 불랑께

이른 아침 호미 들고 오시는 어머니
얼굴이 붉으락푸르락

몇 번을 심었는데 요놈의 깨가
나올 생각을 안 한다

새들이 다 파먹은 것 아닐까요
그러게 말이다

이참에 혼내주고 왔다
어떻게요

참깨 너 안 나오면
확 콩 심어 분다고

오늘 아침
개울가 밭으로 이사 간 참깨들은
간이 콩알만 하겠다

남들 다 심을 때 심었제

뻐꾹뻐꾹 꿩 꿩 꿩
은적산 골짜기 골짜기마다
푸르스름한 융단 깔리는 소리

보리 냄새 찔레꽃 냄새 따라
뒷동산 언덕배기에 수줍은 산딸기
쬐꼬만 잎새 뒤에 몰래몰래 숨었네

개굴개굴 개구리 노래하는
고추밭 다녀오신 어머니
우리 고추가 제일 잘 되었다
보는 사람마다 언제 심었냐고 난리다
남들 다 심을 때 그때 심었다고 했제

남들 다 심을 때 그때에 심었는데
우리 것이 제일 잘 되었다는 어머니

너도 한번 우리 고추밭에 가봐라

성전댁

꿩 꿩 꿩 산골마을 울리는 꿩 소리는
취나물 났다는 신호라네
봄에는 취나물을 먹어야 힘이 난단다
손톱 밑 새까만 성전댁 발길 따라
앞 뒷산 오솔길 반질반질

봄비 맞아 통통 살 오른 취나물
쑥쑥 캐어 자식들 입에 넣어주고파
앞뒷산 오르는 길은 반질반질

이산 저산에서 꿩 꿩 꿩
취나물 나는 소리
삐그덕 삐그덕 삐꺽
아이고 허리야
울 엄마 파스 붙이는 소리

꿩 꿩 꿩
봄에는 취나물을 먹어야 힘이 난다고
나물 망태 메고 나서는
못 말리는 친정엄마 성 전 댁

별걸 다 기억해

내일 장에 갈란다
농약도 사고
읍민의 날 행사도 구경하게
일 다 보고 전화하세요
실내체육관에 모셔다드릴게

엄마 어디야
도로가 농약상회 앞이다
뭔 바지락을 이렇게 많이 산 거야
콩나물 넣고 끓이면 시원하다
청양고추도 있네
매운 고추도 하나 넣어야지

다리도 아픈데
무겁게 이렇게 많이 사면 어떡해
아그들 오면 끓여줘라
좋아한다며

오래전 나눈 이야기도
꼭꼭 싸두었다가
장날이면 풀어오는 친정엄마
오늘 따라 하늘에는
구름 한 점 없이 높고 푸르다

산벚꽃 이야기

벚꽃 피는 시절에는 눈이 산으로 가더라
산으로 이사 가는 눈송이는 아주 연한 분홍빛

뻐꾸기 우는 봄에는 눈이 나무에서 살더라
나무에 피는 눈송이는 히치하이킹 성공자라고

벚꽃 피는 시절에는 눈이 산으로 가더라
산으로 간 벚꽃들은 산새들과 눈 맞은 것이라고

얻다 쓰게

간밤에 서리가 하얗게 내렸더니
친정집 지키는 은행나무는
노란 물이 들지도 않은
푸르뎅뎅한 잎들을
투우욱 툭 털어버리고 있다

와아 멋지다
엄마 저기 한번 서 봐요
사진 찍게

안 찍을란다
못난 얼굴 얻다 쓰게
아니 언능 서 봐요
애들한테 보내줄랑께

아니다 싫다더니
냉큼 은행나무 아래로 가서
폼을 잡는 성전댁

소풍날 사진사 앞에선 아이처럼
수줍어하는 엄마 어깨 위로
까르르 은행잎들
수북하게 쌓여만 간다

날파리 쏘인 엄마 눈

뚜우 뚜우 뚜우
여보세요
엄마 나야
오늘은 뭐 했어요
두 눈이 감겨서 꼼짝도 못 했다
왜요
논둑에 풀이 하도 징해서
아침 일찍 논둑 베는데
날파리 같은 것들이 눈앞에서 아른거리지 뭐냐
파리약 뿌리면서 했는데도 물린 모양이다
두 눈이 앵두가 되어서
온 종일 꼼짝 못 하고 누워 있었다
병원 가서 주사 맞지 그랬어
눈이 안 보여서 움직일 수가 있어야지
이제는 조금 낫다 밥은 먹었냐
일찍 먹고 치웠어
그래 그만 들어 가그라
엄마 내일 갈게요

쥐구멍

수술 안 하고 죽을라 했더니 해야 할란갑다
닳고 닳고 닳아서 툭 튀어나와버린 무릎
한 가닥 천으로 꽁꽁 묶은 엄마 무릎을 보니
길고양이에게라도 묻고 싶습니다
쥐구멍이 어디에 있더냐고

수술하자 수술하자 그저 입으로만 걱정했지요
가을 다해 놓고 할란다 하시던 어머니 무릎이
주사약도 마약 같은 인내심도 소용이 없어진 것을
몰랐습니다 내 무릎이 아니라서 모른 척했습니다

엔진이 꺼져버린 자동차처럼
어머니 다리가 그렇게 멈춰버리던 날까지
이제 수술하러 가요 그 한마디에 고추밭 참깨밭
바람난 애인 보듯 하고 나서던 그 날까지도
몰랐습니다 내 다리가 아니라서

아파 아파

된장국을 끓이고 열무김치를 챙겼다
종자를 잘못 샀는지 꽃이 다 피어버린다며
몽땅 뽑아서 담가준 김치

무김치에 손이 자주 가는 엄마 생각에
국물까지 맛있다고 아껴먹던
열무김치를 꾹꾹 눌러 담았다

화장실을 세 번이나 갔다 왔다
이 인실에 두고 바꿔주지도 않고
옷을 망쳐서 간호원에게 말했는데 안 온다
바위 같은 성전댁도 철부지로 만드는
조대병원 7124호실

옷을 갈아입히고 침대 커버를 갈고
다인실 신청사항을 확인했다
새집이 다 된 머리를 감고
점심을 배부르게 먹고
낮잠을 자는 친정엄마

지난번 수술할 때는 청년 같더니
어느 누가 아파 아파를 달아놓고 갔을까
무심한 세월은 바위 같은 성전댁 앞에서도
승리의 브이자

엄마 손

고장이 나서 뼈가 툭 튀어나와 버린 손목
닳고 닳아 손톱깎이가 필요 없는 손톱
기와 색 손곱은 매니큐어란다

배추밭 열무밭 콩밭에서
참깨밭 고추밭 고구마밭에서
태풍 지나간 벼논에서도 쉴 줄 모르는 엄마 손
누가 엄마 손에 전기 모터를 달아놓았나

배추 뽑아 쓱쓱 열무 뽑아 싹싹싹
엄마 손에는 요리책이 몇 권이 들어 있을까
혼자 사는 앞집 노인 부지런하다고 소문이 난
구순의 회관 옆집 할머니도 챙기고
서울로 서울로 택배를 보내는 엄마 손

점심 먹고 나면 해 떨어지는 내 고향 한대리
늦가을 초승달 같은 해를 따라 엄마 손은
오늘도 허리 한 번 펴지 못했다

선물

생전 처음 받아본 빨간 장미 백 송이
온 세상이 향기롭다
노란 붙임쪽지에 잘생긴 글씨들

사랑하는 아내에게
같이 살면서 너무나 고생시켜
미안해
조금만 참자
좋은 날 올 거야
꼭 행복하게 해줄게
생일 축하해
사랑해

내가 꽃을 받았는데
잘했다며
어머니가 더 좋아라 한다

고무신

250
하얗고 까만 고무신
엄마 것

암탉 부리 같은
코가 없는 남자 고무신
엄마 것

휘어진 엄지발가락
무지외반증 엄마 발가락
수술해야겠네
휘어질 때만 아팠지
이젠 아무렇지도 않다

250
남자 고무신
거북손 같은 예쁜 엄마 발
꼬오옥 감싸주는
자식보다 더 나은
엄마 고무신

운동화 두 짝

장독대 옆에 운동화 두 짝
말갛게 세수하고
누구를 기다릴까

회사 갔다 온 엄마가
한참을 바라보고
쓰다듬고 또 쓰다듬는
운동화 한 켤레

오뉴월 햇살 타고
뽀송뽀송해진 운동화 두 짝
햇살이 지쳐 쓰러질 때까지
광주 간 연식이를 기다리나 봐

섣달 그믐날 잡혀 온 닭

꼬오끼요오
섣달 그믐날 잡혀 온 장닭 한 마리
발목에 긴 줄을 달고
마당 한 귀퉁이에서
꼬오끼요오

마당 청소하던 어머니
워메 잘도 운다
옷도 잘 입었고
작은 아그야 우리 저 닭 키우자

어머니 마음에 쏘옥 들어 온
닭 울음소리
꼬오끼요오 꼬오끼요오

이제 알람시계는 어쩔랑고

어머니는

광주 가는 시외버스 안
45인승 버스에 승객은 대여섯 명
젊은이는 달랑 나 혼자

여보세요
저어
너
행여 신북 갈라믄
신호 잘 지키고 가그라
여그 골프 연습장 앞에
경찰들 줄줄이 서 있다

광주 가는 시외버스
진월동서 아주머니 내리니
버스는 오롯이 내 것이네

마을버스 시간 때문에

병원에서 전화가 왔다
거시기님 따님인가요
어머니께서 영양제를 맞고
그냥 가셨습니다
분홍색 옷 입고 오신 것 맞지요

곳감보다 더 무서운
마을버스 시간
성전댁은 오늘
얼마나 떨었을까
마을버스 혼자 가버릴까 봐

어머니 손에 잡혀 온 상추

입춘 지나서 우수 사흘 남은 이른 아침
개울가 텃밭 한가운데 부스스 눈 뜬 상추들
칠순의 어머니 손에 잡혀 왔다

겨울에도 죽지 않고 살아 있었네요
우리 밭은 엔간해서는 안 죽는다
상추가 좀 쓰지 않을까요
눈 맞고 자란 것이라 보약이지

해 뜨려면 한참 먼 이른 아침에
뿌리째 뽑혀 온 상추들
하도 기막혀 새파래졌네

우리 것만 안 이쁘다

새벽같이 밭에 다녀오시는 어머니
우리 것만 안 이쁘다 하시더니
어느새 태극기를 고쳐 달고 계신다

어머니 오늘은 그렇게 다는 것 아녜요
대골댁은 이렇게 달았다
저기 빌라에 부면장님 태극기 보세요
오늘은 현충일이라 이렇게 내려서 달아야 해요
아이고 그런다냐

태극기 다는 것도 옆집과 함께하는 어머니
벌침 같은 햇살 아래 장작불로 팥죽을 쑤신다
희정이 엄마 현수엄마 유지엄마 미장원아
우리 집에 팥죽 먹으러 오너라

보물

이른 아침 친정어머니 전화
보일러가 또 고장이 나부렀다

바꿀 때가 된 것 같네요
이참에 새것으로 바꿔부러요

저녁을 먹고 나니 또 전화벨이 울린다
이제는 세탁기가 말썽이라고
하루 종일 돌기만 하고 있다고

사람이 고물이니 오만 것들이 다 고장이라는
절임배추 같은 어머니 목소리

어머니
고물도 오래오래 쓰다보면 보물이라지요
보물 같은 우리 어머니
고장이 나더라도 오래 오래 옆에 있어만 주세요

산에 벚꽃이 피어야

엄마 고사리 났어요
우리 동네 뒷산에는 나왔데요

아직 안 났다
시방 난 것들은 일되서 별 볼 일 없어야
서리가 하얗게 와서
난 것들도 다 꼬스라졌것다

엄마 고사리 언제 나요
우리 어머니는 아까 솔찬히 꺾어왔어요

나오려면 아직 멀었다
산에 벚꽃이 하얗게 피어야
그때야 나오제
온산에 벚꽃이 흐드러질 참에

찔레꽃 피면

달콤하게 핀 찔레꽃
찔레꽃 고운 꽃을 보면
엄마 생각이 납니다

우리 엄마 나물 망태기 속에
꼭꼭 숨어서 나를 기다리던
찔레순 한 주먹

뻐꾹새 울어 울어 봄이 다 가도록
엄마 나물 망태기 속에서
오롯이 나를 기다리는
찔레순 한 움큼

찔레꽃 고운 꽃을 보면
온 산을 누비던
우리 엄마가 생각납니다

내가 바라는 한 가지

칠순을 훌쩍 넘긴 어머니는
나만 보면 꽃처럼 웃지요
작은 아그 왔냐 하면서
아이같이 좋아해요

칠순이 마악 지난 친정엄마는
내 속에 들어갔다 나온 양
바위처럼 가만히 지켜보다
마술같이 내 마음을 풀어줘요

내가 바라는 한 가지는
칠학년 육반 시어머니랑
칠학년 이반 친정엄마 얼굴에
언제나 복사꽃이 피어나는 것이지요

잘 가라 그대

성전댁이 운다
청상과부가 되던 그날에도
눈물 가뭄이 들었던 성전댁이
전화기 저편에서 운다

어젯밤에 용몰댁이 가버렸다
저녁까지 물놀이하고 놀았는디
119차 같은 것들이 여러 대 왔다

엄마 힘들어서 어째요
어짜것냐
복이지
어젯밤까지 같이 놀았는디

불가마 같은 팔월
평생지기 친구를 잃어버린
성전댁 가슴에 장대비가
세차게 내린다

성전댁 수술하던 날

간호사가 수액을 들고 왔다
수술용 가운으로 갈아입으세요
옷을 입고 나니 화장실에 가자고
나는 급하면 오줌이 마려야

항생제 반응 검사를 하고
다리 소독할 때까지도 용감하던 성전댁
수술 시간이 다가오니
겁이 나는가보다

수술용 바늘이라 좀 아파요
눈을 질끈 감는다
보고 있는 사람이 더 아프다
잘 맞으시네요

청명한 가을 하늘빛 모자를 쓰고
이동용 침대에 아기처럼 누워서
수술실로 가는 성전댁을 보니
눈 둘 곳이 없다

수술실 문이 스르륵 탁
구십 분
수술실 밖에는
구백 년의 시간이 기다리겠다

엄마 잠깐이면 끝나요
차디찬 엄마 손이 가슴에 못질을 한다

어머니

모시 적삼에 풀하고 다리질 하던 때가 어제 같은데 아직 방을 지키고 있는 선풍기가 불청객처럼 느껴진다 이제는 선풍기를 치우고 모시 적삼도 풀기를 빼 들여놓아야겠다 귀뚜라미 노랫소리 들리니 가을의 창이 열리고 하늘도 높아진다

고추잠자리가 창공을 헤엄치면 어릴 적 일들이 하나둘 떠오른다 서쪽 하늘 붉게 물들고 어둠이 내리기 시작하면 집집마다 굴뚝에서 밥 짓는 연기가 피어올랐다 밥 짓는 냄새 쇠죽 끓이는 냄새가 구수하게 풍기고 온종일 뛰놀던 개구쟁이들도 하나 둘 집으로 돌아갔다 콩깍지 고구마순 등 꼴을 썰어 구정물을 부어 쇠죽을 끓이면서 부지깽이 장단에 맞추어 노래도 불렀다 빨간 숯불에 고구마를 굽던 일 밤을 구울 때 뻥 소리가 나서 깜짝 놀랐던 일들이 지금은 추억이란 책 속에 예쁘게 남아 있다

아직도 마음은 군불을 지피던 그때와 같은데 벌써 한 아이의 엄마가 되었다는 사실이 믿어지지 않는다 엊그제는 아이가 아파서 병원에 갔다 출근 시간이라 버스는 만원이었다 다행히 한 남학생이 자리를 양보해 주었다 무척 고마웠다 조금 있으니 아이가 칭얼대기 시작했다 이십 분이란 시간이 그렇게 길 수가 없었다 한 치 앞도 보이지 않는 기나긴 터널을 지나가는 것 같았다 아이가 많이 아픈지 엄마하고 꼭 껴안았다 코끝이 찡해져 차창 밖으로 시선을 돌려 눈물을 참았다

누렇게 잘 익은 볏논에서는 허수아비들이 가을바람에 어깨춤을

추고 있었다 한 톨의 벼까지도 지키려고 열심히 참새를 쫓고 있는 농부의 모습에서 어머니를 보았다 어머니 친정어머니를 생각하면 눈물이 앞선다 마흔이라는 나이에 홀로되어 오 남매를 키우신 어머니다 힘든 농사일을 혼자 하시고 남의 일도 내일 같이 하셨다 빨리 돈을 벌어 어머니를 도와주려고 했는데 일찍 결혼을 하게 되었다 어머니에게 잘해야지 하면서도 마음뿐 잘 되지 않는다 어머니 속을 상하게 했던 일들이 지금 다시 생각해보니 너무나 가슴이 아프다

추석에 뵌 어머니 모습이 자꾸 눈앞에 아른거린다 오늘은 어머니께 꼭 전화를 드려야겠다 하늘이 너무 높아서 눈물이 나올 것만 같다 누런 들판과 뭉게구름이 이는 가을 하늘을 보면 언제나 어머니 모습이 거기에 있다 가을의 풍성함과 가을 하늘의 높고 더 없이 맑음이 모든 어머니의 마음이다 자식의 못난 점까지도 다 사랑하는 것이 어머니의 마음인 것 같다 쪽빛 하늘 한가운데 기저귀를 널면서 오늘도 자식 걱정에 잠 못 이루실 어머니를 그려본다 어머니 건강하세요 1992년 가을에

설날

올 설은 유난히 추웠습니다 엄마는 춥다고 자식들 모두 내려오지 못하게 했지요 하지만 이제 아빠가 된 둘째 아들과 막내는 그럴 수 없다며 명절 대란을 뚫고 고향 땅을 밟았습니다 백일도 안 된 손자 녀석 춥다며 못 오게 하라고 제게도 신신당부를 하셨는데 아들들은 기어코 내려 왔습니다 조카 녀석이 얼마나 컸는지 고모인 저도 궁금한데 할머니 마음은 더 했겠지요 친정집 기둥인 오빠는 바쁘다고 설 전날 혼자 비행기 타고 왔어요 그래서 올 설은 세 아들과 엄마 이렇게 넷이서 오붓하게 지내셨답니다

설날 친정집 안방은 엉덩이가 익을 정도로 뜨끈뜨끈 했습니다 자식들 왔다고 군불을 얼마나 많이 넣었는지 아랫목이 불가마 같았어요 부지런한 엄마 손은 조청도 하고 강정을 세 가지나 만들었지요 호박씨 석 되를 깠다고 합니다 자식들 챙겨주고 싶은 마음에 손가락 아픈 줄도 모르고 밤 세워 호박씨를 깐 친정엄마 덕분에 저도 바리바리 싸가지고 왔어요 차 없이 혼자 온 큰아들 집에는 엄마 손발인 제가 우체국에 가서 택배를 보냈지요 엄마 소원대로 이것이 엄마의 기쁨인가 봅니다 자식들은 이런 엄마 마음을 얼마나 알고 있을까요

저녁에는 명절날 친정집 주 메뉴인 마당에서 숯불에 고기를 구워 먹었습니다 불 피우고 고기 굽고 뒷정리는 모두 동생들이 척척 알아서 잘 합니다 숯불이 다 꺼지면 좁은 방에 모두 누워서 TV 시청을 했지요 초보 애기아빠인 넷째는 동양화를

들고 한판 붙자고 돌아다녔고 동네 이름부터 추운 한대리 고향집은 정말 추웠습니다 마당에는 하얀 설탕 같은 눈이 가득했어요

자식들 왔다고 혼자만 바빴던 친정엄마는 일찍 잠자리에 들었습니다 주무시는 엄마를 보고 그만 가슴이 무너져 내렸어요 수세미보다 더 거칠고 깔깔한 엄마 손이 거기 있었으니까요 남편도 없이 여자 혼자 몸으로 다섯 자식 잘 키워낸 엄마 손입니다 아무것도 해드리지 못한 바보 같은 저는 로션 듬뿍 바르고 장갑을 끼워드렸습니다 비닐장갑 끼고 주무시던 엄마 손 그 손이 지금도 마음속에 남아서 가슴이 먹먹합니다 엄마 건강하게 오래오래 사세요

엄마 손

퇴근해서 집에 오니 방안이 너무 환해서 저절로 감탄사가 나왔습니다 와아아 하고 벌어진 입을 다물지 못하고 있는 내게 남편이 "당신은 엄마 따라가려면 아직 멀었다" 하며 핀잔을 줍니다

아침에 친정엄마가 오시더니 이렇게 눈이 확 튀어나오도록 치워놓고 가셨나 봅니다 바쁘다 피곤하다는 핑계로 날마다 쌓아두었던 쓰레기들 눈 가리고 아웅 하는 식으로 보이는 곳만 대충 치우고 덮어 두었던 구석구석을 싹싹 말끔하게 정리해주셨습니다

엄마 손은 한 시도 쉬지 않고 부지런히 움직입니다 우리 집 창고도 치우고 뒤뜰도 치우고

엄마 손은 요술쟁이입니다 못하는 것이 없습니다 어디든지 무엇이든지 엄마 손이 쓰윽 지나가면 원하는 대로 다 되고 말지요 언제부턴가 밥상을 차릴 때마다 가슴이 아팠습니다 혼자서 아무렇게나 대충 식사를 하실 친정엄마 생각에 그러나 이제는 더 이상 아파하지 않아도 됩니다 밥상 차려놓고 엄마에게 전화하면 되니까요 "엄마 빨리 식사하러 오세요"라고 친정엄마가 우리 동네로 이사를 왔어요 엄마는 가만히 계시라고 해도 자꾸만 부엌으로 들어와서 수저라도 놓습니다 당신이 무엇이라도 해야 마음이 편한가봅니다

엄마가 가까운 곳에 계시니 얼마나 좋은지 모릅니다 내 손으로 밥상도 차려드릴 수 있고 갑자기 퇴근이 늦어지는 날이면 "엄마 우리 애들 밥 좀 챙겨주세요"라고 편하게 전화도 할 수 있으니까요 그런데 요즘 엄마가 몸이 편찮으시다니 마음이 천근만근 입니다 아버지처럼 그렇게 가실까봐 엄마 아프지 말고 건강하셔야 해요 사랑합니다 어머니

봄이 오면

올겨울은 정말 추웠다 한 발짝도 물러나지 않을 것 같던 동장군이 엊그제 어머님께서 붙여 둔 입춘대길 넉 자 앞에서는 꼼짝을 못하는지 오늘은 눈이 부시게 화창하다

겨울 칼바람 이겨낸 대견스런 보리도 움츠렸던 어깨를 활짝 펴고 초록으로 발돋움한다 내 어릴 적 봄은 나물 바구니로부터 왔다 학교 공부가 끝나면 우리는 큰 바구니에 칼을 하나씩 챙겨서 들로 나갔다 미나리 쑥 돌나물 자운영 냉이 달래 등 봄의 전령들을 바구니에 가득 채워서 저녁노을을 등에 지고 왔다

향이 좋은 미나리는 생으로 무치고 냉이와 자운영 등 나물들은 뜨거운 물에 살짝 데쳐서 된장에 조물조물 무쳤다 향긋한 어린 쑥으로는 된장국을 끓이고 돌나물은 살살 씻어서 양념장을 살짝 뿌려야 한다 물러지면 풋내가 나니까 마지막으로 달래는 하얀 수염뿌리에서 푸른 줄기까지 송송 썰어서 잘 익은 간장에 고소한 참기름 한 두 방울 똑똑 떨어뜨려 따뜻한 쌀밥에 비벼 먹으면 밥 한 그릇은 마파람에 게 눈 감추듯 했다

아 올봄엔 바구니 끼고 산으로 들로 봄을 헤집고 다녀봐야겠다

엄마 집에 가면

아무런 기별 없이 친정집에 갔을 때
엄마를 찾는 방법은
전동차와 보행보조기입니다
마당에 전동차가 떡하니 버티고 있으면
엄마가 집 근처에 계시는 것입니다
보행보조기 혼자서 가을 낙엽 같은 표정으로
마당을 지키고 있다면
조금 먼 밭으로 찾아가야 엄마를 만날 수 있습니다

엄마 집에 가면 밥솥이랑 냉장고에게 꼭 안부를 묻고 옵니다
정리정돈도 잘하고 깔끔한 엄마
언젠가부터 제 손길이 필요해졌습니다
먼저 냉장고 반찬통들에게 인사를 하고
밥솥 속 뚜껑부터 손잡이까지 꼼꼼하게 챙겨줍니다
마지막으로 화장실에 가서 세면대를 살피는 것도
잊지 말아야 합니다 엄마 집에 가면

제4부

김선희 시인의 詩세계

생명 모체의 귀환과 효심의 시적 진실

향수 · 자연 향기에서 탐색하는 서정시의 미(美)

김 송 배
(시인·전 한국문인협회 부이사장)

1. 생명성의 모체(母體)와 시적 발원지

현대시의 발원지는 다양하게 나타나고 있다. 시적인 발상이나 동기는 그 시인의 체험에서 유발(誘發)하는 상상력에서 재생되는 이미지가 시적인 소재나 주제로 발현(發現)되어 한 편의 작품 창작으로 이어지게 된다.

우리가 지금까지 살아온 체험에서 가장 절실하게 회상되고 영원히 불망(不忘)의 추억으로 새겨져 있는 것이 사모(思慕)의 정감이다.

그 중에서도 모정(母情)과의 궤적(軌跡)은 심리적이 불멸성으로 재생되는 특이성이 있어서 모든 인간의 정신에서 각인되어 있는 정(情)을 깊숙이 내포하고 있는 것이다.

특히 우리 시인들은 이러한 모정이나 효심(孝心)에 대한 시를 많이 창작하는 것은 나의 생명성이 탄생되고 길러주고 가르치면서 존재의 기본개념을 명민(明敏)하게 인식하거나 성찰하는 모체의 정감을 잊을 수가 없기 때문이다.

일찍이 김남조 시인은 '어머니! 이렇게 부르면 지체없이 격렬한 전류가 온다. 아픈 전기이다. 아프고 뜨겁고 견딜 수 없는 전기이다.'라고 어느 글에서 말한 바와 같이 어머니와 교감하는 의미는 우리 인간들이 살아가면서 그의 존재가 곧 나의 존재와 교통(交通)하는 정감적인 이미지를 우리 시인들은 조감(照鑑)하고 있는 것이다.

여기 김선희 시집 '바람 부는 날이면'의 원고를 일별하면서 이처럼 어머니에 대한 사랑의 메시지가 넘치는 효심의 언어를 간과(看過)할 수 없다는 생각이 앞선다. 이렇게 어머니에 대한 사랑의 시법(詩法)은 그가 발원하는 시적인 모태가 되고 사모(思母)의 이미지가 충만돼 있어서이다.

김선희 시인은 우선 '점심 먹고 나면 해 떨어지는 내 고향 한대리/ 늦가을 초승달 같은 해를 따라 엄마 손은/ 오늘도 허리 한 번 펴지 못했다('엄마 손' 중에서)'는 고향 한대리에서 배추밭, 열무밭, 콩밭, 참깨밭, 고추밭, 고구마밭의 농촌에서 허리를 펴지 않고 일하는 어머니에 대한 안스러운 '엄마 손'을 그는 언제나 그의 심중(心中)에서 지우지 못한다.

또한 '당연한 줄 알았다/ 마흔에 혼자 된 엄마가/ 자식들 다 키우고도 혼자서 살아가는 것이// 혼자 밥을 먹고 잠을 자고 병원에 가면서/ 그렇게 늙어가는 것인 줄 알았다/ 우리 엄마는 그런 줄만 알았다('당연한 줄 알았다' 중에서)'는 사모의 정감은 참으로 절절한 이미지를 적시하고 있어서 우리들을 공감의 영역으로 흡인시키고 있다.

칠순을 훌쩍 넘긴 어머니는

나만 보면 꽃처럼 웃지요
작은 아그 왔냐 하면서
아이같이 좋아해요

칠순이 마악 지난 친정엄마는
내 속에 들어갔다 나온 양
바위처럼 가만히 지켜보다
마술같이 내 마음을 풀어줘요

내가 바라는 한 가지는
칠학년 육반 시어머니랑
칠학년 이반 친정엄마 얼굴에
언제나 복사꽃이 피어나는 것이지요

–'내가 바라는 한 가지' 전문

김선희 시인의 어머니는 모두 칠순을 훌쩍 넘긴 시어머니와 친정 엄마로 구분해서 살펴볼 수 있는데 그가 진정 바라는 것은 작품 결론으로 적시한 '칠학년 육반 시어머니랑/ 칠학년 이반 친정엄마 얼굴에/ 언제나 복사꽃이 피어나는 것이'라는 어조(語調)에서 이해할 수 있듯이 이 두 어머니에 대한 사랑의 효심은 동일하게 현현됨으로써 어머니라는 개념이 그의 시적인 원류로 흐르고 있음을 알 수 있게 한다.

박 빼리리 법무사에서 이전서류를 하였다
친정아버지가 두고 가신 그 논을 팔았다
빌라를 구입하고 엄마 살림살이를 새로 사고
아버지 제사와 추석을 지낼 때까지도

엄마가 우리 동네로 이사를 왔다는 생각이 들지 않았다
논을 팔고 이전서류를 건네고 난 후에야 비로소
고향 한대리를 떠났다는 느낌이
여름날 소나기처럼 밀려왔다.
아버지가 쓰러지신 그 논을 팔아버렸다
돌아오는 길에 엄마 괜찮아 라고
몇 번을 묻고 물어보았다
가슴 한쪽이 한없이 시려서

-'이전 서류를 하고' 전문

그렇다. 김선희 시인은 고향 한대리와 어머니를 분리해서 생각할 수가 없다. '친정 아버지가 두고 가신 그 논을 팔'고 이전서류를 하고 난 후 '엄마 괜찮아'하고 확인하는 가슴 시린 사연이 더욱 어머니와의 정감이 애절하게 분사(噴射)하고 있어서 공감의 정을 유발시키고 있다.

그의 어머니는 대체로 다음과 같이 나타나고 있어서 간추려 보면 '고추밭 다녀오신 어머니', '우리 것이 제일 잘 되었다는 어머니', '아이처럼 신나게 콩 고르는 어머니', '볏논에 피사리하고 오신 어머니', '절임배추 같은 어머니 목소리', '이른 아침 호미 들고 오시는 어머니' 등등 이루어 다 열거할 수가 없다.

그는 이 시집 전체의 작품들을 '어머니'를 소재로 창작되어 그 이미지나 주제가 그리움과 사랑의 표본으로 적시하고 있다. '은행나무 반겨주는 내 고향 한대리/ 겨우내 창고 구석에서 뒹굴다 나온/ 싹 튼 감자 몸뚱이 같은/ 어머니 얼굴을 보니 눈 둘 곳이 없어라('쭈글쭈글 감자' 중에서)'는 등 그의 내면에 얽혀있는 체험의 발산이 바로 그의 생명 모체의 귀환으로 효심에 대한 절정을 형성하고 있는 것이다.

2. '성전댁'의 애환, 그 효심의 진원

김선희 시인은 '성전댁'이라는 친정 엄마의 택호(宅號)를 의인화해서 어머니의 이미지를 재생하고 있어서 그의 시법에서 절실한 효과를 상승시키는 일면을 엿보게 해서 주목하게 된다. 대체로 시인들의 깊은 관념에서는 일상적이거나 보편성을 지닌 주변의 사물(혹은 인물)에서 체득(體得)한 체험이 작품 속에 무르녹아 있는 시법을 선호하는데 김선희 시인도 실생활(real life)에서 절감한 어머니가 주된 소재이지만 앞에서 보아온 다정다감한 정서와 사유(思惟)와는 또 다른 이미지가 애환(哀患)의 이미지로 형상화하는 점을 그의 절대적인 아픔으로 적시하고 있다.

봄비 맞아 통통 살 오른 취나물
쑥쑥 캐어 자식들 입에 넣어주고파
앞뒷산 오르는 길은 반질반질

이산 저산에서 꿩 꿩 꿩
취나물 나는 소리
삐그덕 삐그덕 삐꺽
아이고 허리야
울 엄마 파스 붙이는 소리

꿩 꿩 꿩
봄에는 취나물을 먹어야 힘이 난다고
나물 망태 메고 나서는
못 말리는 친정엄마 성 전 댁

-'성전댁' 중에서

보라. 어머니에게서 '삐그덕 삐그덕 삐꺽/ 아이고 허리야/ 울 엄마 파스 붙이는 소리'에 그는 연민의 정을 띄우고 있으나 다시 어머니는 '봄에는 취나물을 먹어야 힘이 난다고/ 나물 망태 메고 나서는/ 못 말리는 친정엄마'라는 효심이 발현하게 되고 이 시집의 중심 소재와 화자(話者-persona)로 등장한다.

이 '성전댁'은 무릎이 아파서 거동이 불편하지만 '수술 안 하고 죽을라 했더니 해야 할란갑다/ 닳고 닳고 닳아서 툭 튀어나와버린 무릎/ 한 가닥 천으로 꽁꽁 묶은 엄마 무릎을 보'고 나서야 어머니의 통증을 알 수가 있었다. 그래서 그는 '수술하자 수술하자 그저 입으로만 걱정했지요/ 가을 다해 놓고 할란다 하시던 어머니 무릎이/ 주사약도 마약 같은 인내심도 소용이 없어진 것을/ 몰랐습니다 내 무릎이 아니라서 모른 척했습니다(이상 '쥐구멍' 중에서)'라는 어조로 성전댁의 고통을 지금도 흐느끼고 있는 것이다.

그는 '청명한 가을 하늘빛 모자를 쓰고/ 이동용 침대에 아기처럼 누워서/ 수술실로 가는 성전댁을 보니/ 눈 둘 곳이 없다// 수술실 문이 스르륵 탁/ 구십 분/ 수술실 밖에는/ 구백 년의 시간이 기다리겠다('성전댁 수술하던 날' 중에서)거나 '수술 중 수술 중 수술 중 수술 중/ 회복 중/ 회복 중이라는 말은/ 감사합니다 고맙습니다와 같은 말이다('수술실 앞에서' 중에서)'라는 등의 어조는 김선희 시인의 지극한 효심이 발현되는, 그의 절규에 가깝도록 애절하다.

김선희 시인은 어머니를 조대병원 7124호실에 입원시켜 놓고 '무심한 세월은 바위 같은 성전댁 앞에서도/ 승리의 브이자('아파 아파' 중에서)'라는 친정엄마의 아픔을 되뇌이고 있다. 이러한 성전댁의 행보는 그의 뇌리에서 오매불망(寤寐不忘)의 여운으로 남아서 그의 작품에 다채롭게 현현되고 있는 것이다.

바람 부는 날이면 친정엄마한테 간다

쓰러진 황소도 벌떡 일으켜 세운다는
산낙지 몇 마리 사 들고
괜스레 울고 싶은 날에는 덤재를 넘는다
-중략-
혼자 밥을 먹고 잠을 자고 병원에 가면서
그렇게 늙어가는 것인 줄 알았다
우리 엄마는 그런 줄만 알았다

-'당연한 줄 알았다' 중에서

김선희 시인에게 내재된 효성의 이미지는 이처럼 '당연한 줄 알았'던 평범하고 안일한 평소의 사유에서 절실하게 감지(感知)한 성전댁이 수술을 하고 겪는 고통이나 외로움 등에서 딸된 도리에서 느껴보는 효성이 무엇인가를 깨닫게 하는 심성의 일대 전환을 엿보게 하고 있다.

그는 '바람 부는 날이면 친정엄마한테 간다'거나 '괜스레 울고 싶은 날에는 덤재를 넘는다'는 어조는 그가 모정에 대한 그리움이 이토록 그의 심연(深淵)에서 용암으로 이글거리고 있다는 효심이 짙게 작용하고 있는 이 작품이 이 시집의 표제시 '바람 부는 날이면'이 되고 있다.

그는 다시 '눈물 나는 보리 냄새/ 여운재 넘어오면/ 한대리 내 고향으로/ 엄마를 보러 간다('생일' 중에서)'는 어조와 같이 어머니를 뵈오려 '덤재'를 수시로 넘어가는 지극한 효도의 정감을 읽을 수 있는 것이다.

한편 성전댁의 가슴에서 소용돌이 치는 애모(哀慕)의 정도 엿볼 수가 있는데 '성전댁이 운다/ 청상과부가 되던 그날에도/ 눈물 가뭄이 들었던 성전댁이/ 전화기 저편에서 운다// 어젯밤에 용몰댁이 가버렸다/ 저녁까지 물놀이하고 놀았는디/ 119차 같은 것들이 여러 대 왔다'는 수화기 저 편에서 성전댁은 동내 친구 '용골댁'의 죽음에 울고 있다. '엄마 힘들어서 어째요/ 어짜것냐/ 복이지/ 어젯밤까지 같이 놀았는디// 불가마 같은 팔월/ 평생지기 친구를 잃어버린/ 성전댁 가슴에 장대비가/ 세차게 내린다(이상 '잘 가라 그대' 중에서)'는 어조와 같이 성전댁의 생활 속에는 심리적인 온유한 감성이 잘 나타나고 있는 것이다.

3. 향수, 자연 향기에서 탐색하는 서정

김선희 시인의 내면 의식에는 고향과 고향의 어머니가 융합하는 시법을 구사하면서 자연의 향기에 흠뻑 젖어있는 서정성을 탐색하고 있다.

그는 어차피 어머니에게 그리움이 내재된 이미지를 생성하기 위해서는 고향에 대한 아련한 동심이나 농촌의 일상들이 동시에 화해를 해야만 그의 심안(心眼)이나 사유의 진폭이 정리되기 때문이다.

그가 생장하면서 체질화한 생활의 추억들이 지금도 어머니의 포근한 체취(體臭)와 함께 재구성하는 특성을 읽을 수 있게 한다. 고향 산천에 널브러진 자연의 향기 속에서 생을 영위해온 어머니의 모습은 '엄마 고사리 났어요/ 우리 동네 뒷산에는 나왔대요 -중략- 엄마 고사리는 언제 나요/ 우리 어머니는 아까 솔찬히 꺾어왔어요('산에 벚꽃이 피어야'중에서)'라는 자적(自適)의 전원 서정을 분사하고 있다.

아카시아 향기 폴폴 날리는 오월
모내기 마악 시작한 논으로
앞산과 하늘이 이사를 왔습니다.
노르스름 누릿누릿 익어가는 보리들

통통하게 살 오른 허리통에서
삘리리 삘리리 피리 소리 들립니다.

오메 누가 이렇게 보리를 다 뽑아부렀다냐
호미 들고 밭에 가던 어머니
불호령에도 암상토않게
삘리리 삘리리

찔레꽃 무더기로 피어나는
논두렁에서 삘리리 삘리리
보리는 잘도 익어만 갑니다

-'보리피리 불며' 전문

김선희 시인의 향수에는 고즈넉한 고향의 '아카시아 향기 폴폴 날리는 오월/ 모내기 마악 시작한 논'에서부터 '노르스름 누릿누릿 익어가는 보리들' 까지 그의 서정적 시법이 바로 '호미 들고 밭에 가던 어머니'로 연결하면서 농촌의 풍광으로 깊이 젖어드는 아늑한 이미지를 연출하고 있어서 우리들은 여기에 흡인되고 있는 것이다.

그가 어머니에 대한 다양한 생활상을 적나라(赤裸裸)하게 묘사하면서도 전원의 정경(情景)이 많은 사람들의 심중에서 동질의 향수를 느낄 수 있는 이미지가 '보리피리'를 통해서 '논두렁에서 삘리리 삘리리/ 보리는 잘도 익어만' 가는 상황으로 창출하여 서정적인 감응(感應)을 재생시키고 있는 것이다.

또한 그는 '엿기름 하려고 심은 보리 서너 이랑/ 보릿국 끓여 먹어라 딸 한 바구니/ 된장국에 넣으라고 앞집 노인 한 주먹/ 이리저리 나누어도 보리는 쑥쑥('보리' 전문)'이라는 모정의 정성어린 음성을 은유적으로 적시하고 있는 것이다.

뻐꾹새 울어울어 봄이 다 가도록
엄마 나물 망태기 속에서
오롯이 나를 기다리는
찔레순 한 움큼

찔레꽃 고운 꽃을 보면
온 산을 누비던
우리 엄마가 생각납니다
-'찔레꽃 피면' 중에서

여기 이 '찔레꽃 피면'도 동감(同感)의 시법으로 현현되고 있는데 '찔레꽃 고운 꽃을 보면/ 엄마 생각이 납니다'라고 시적상황을 설정하고 '엄마 나물 망태기 속에서/ 오롯이 나를 기다리는/ 찔레순 한 움큼'이라는 모정은 참으로 애잔한 메시지를 던져주고 있다. 참으로 눈물겨운 장관(壯觀)이 아닐 수 없다.

이밖에도 작품 '천둥벌거숭이' 중에서도 '벼들이 열병식 하는 너른 들판은 나의 출퇴근길/ 텅 비었던 논들이 진한 초록으로 물결치고/ 울 어머니 아침저녁으로 호미 들고 나서면/ 배시시 피어나는 나락 꽃들 태양을 유혹한다'라고 '울 어머니'와 '나락 꽃들'과의 대칭으로 사모의 정감을 잔잔하게 교감하고 있다.

4. 계절의 향훈에서 재생하는 시간성

김선희 시인은 계절의 향훈에 민감하다. 사계절 중에서 봄과 가을에 심취(深醉)하면서 그 향훈을 음미(吟味)한다. 그는 이러한 시간성에서도 '친정엄마'를 배제할 수 없이 자주 소통하는 시법을 다채롭게 구사하고 있다.

그는 봄날 갑자기 쏟아지는 봄비에서도 '바짝 마른 콩잎 같던/ 어머니 얼굴을/ 활짝 핀 복사꽃으로 만드는/ 요술쟁이 ('소낙비' 전문)'라고 어머니의 얼굴을 떠올리고 있다. 이것이 '콩닥 콩닥 설레는 가슴/ 억새꽃 손짓 하나에도/ 목젖까지 아려오는 그리움/ 초저녁별처럼 반짝인다 ('가을에' 중에서)'는 그리움의 정점에서 그는 어머니에 대한 사유를 멈추지 못한다.

비가 와요
친정엄마 같은
봄비가
시커먼 벚나무 가지가지마다
통통통 꽃봉오리가 마중을 나오지요
지난 가을 길촌댁이 자랑자랑하던
붉은 팥 같아요

-'봄' 전문

황금빛 볏논을 지나고
빨간 고추밭도 지나고
아직도 하얀 꽃을 달고 있는
울 엄마 참깨밭도 지나서

산비둘기 구구대는
깊은 산속 옹달샘 가
솔바람도 데리고
이 비 가고 나면
가을이 종종 걸음 하겠지요

-'가을비' 중에서

이 두 편의 작품은 봄비와 가을비의 대칭이다. 그러나 '친정엄마 같은/ 봄비'이며 '황금빛 볏논을 지나고/ 빨간 고추밭도 지나고/ 아직도 하얀 꽃을 달고 있는/ 울 엄마 참깨밭'으로 바쁘게 농사일에 몰두하는 어머니에 대한 향수가 물씬 넘치는 이미지가 그의 효심을 더욱 애잔하게 상기시키고 있다.

이처럼 그는 이 계절적인 시간성에서 창출하는 시적 발원은 어머니의 삶이 곧 세월과 동행하면서 체험하는 자연과의 화해라는 점에서 어머니의 인생론이 김선희 시인의 가치관으로 전이(轉移)되어 승화하는 현상을 목도(目睹)하게 된다. 참으로 순박하고 순정적인 정관(靜觀)의 시정(詩情)을 이해하게 된다.

그는 봄비가 벚나무 가지마다 꽃봉오리의 마중을 받거나 가을비가 산비둘기 구구대는 옹달샘 가에서 솔바람과 함께 한 폭의 산수화를 감상하는 정경에 우리는 공감하게 되는데 그는 다시

입춘 지나 우수도 엊그제
시래기 같은 보리들 기다리는 봄은 언제 올까
짠한 마음에 아버지는 비료 들고 나서고

아침부터 온다던 봄비는 새색시인가
진눈깨비만 앞세우고
산수유 눈곱 떼는 저만치에서
오르락내리락

-기다리는 마음' 전문

에서는 한적하면서 여유가 있는 농촌의 정감이 형상화하는 이미지도 엿보게 된다.

그의 시간성이 짙은 자연 서정은 작품 '향기 나는 무지개' '은적산 아랫마을' '콩 심어 불랑께' '사월 없는 곳에 살았으면' '다시 태어나도' 등등에서 '뻐꾹새 노래 따라 앞밭 뒤밭에/ 콩콩콩 어머니 호미 소리'라는 그의 친 자연, 친 모성의 서정적 언어가 지금까지 그의 심저(心底)에서 울려 퍼지고 있는 것이다.

이제 김선희 시집 '바람 부는 날이면' 읽기를 마무리해야겠다. 김선희는 순정적인 향수 귀환의 서정시인이다. 고향 한대리와 은적산, 장동 네거리, 덤재, 월출산, 무위사, 선암사, 그리고 영암장날, 독천장, 강진장 등 주변 풍광이 시적인 발상의 진원지가 되고 있어서 향수와 어머니의 시적 융합이 자연스럽게 이루어지는 시정신(poetry)을 더욱 감미롭게 충만시키고 있다.

그리고 그는 어머니 성전댁을 비록해서 어머니 이웃들인 대골댁, 용몰댁, 길촌댁 등 고향의 향미(鄕味)가 가득 배인 정감이 그의 서정시의 원류로 작용하고 있어서 더욱 공감을 유로(流路)하는 시적 호용을 배가시키고 있는 것이다.

그의 청순한 언어가 명징(明澄)하게 서정적인 의식으로 흐르고 있는 것은 작품 '들길 따라서' 중에서 '이른 아침에 들길을 걸어보세요/ 연분홍 메꽃 수줍게 피어나고/ 병아리 같은 호박꽃 자랑스럽게 피어 있는/ 깨끗한 바람 불어오는/ 그 길을 걸어보세요/ 풀잎마다 반짝이는/ 별들을 만나러 오세요/ 오늘이 다 가기 전에'라는 안온한 그의 시혼(詩魂)에 매료(魅了)되기 때문이다.

그러나 시는 아름답기만 해서는 모자란다고 로마의 대시인 호라티우스는 말한다. 듣는 이의 영혼을 맘대로 뒤흔들고 이끌어 나아가야 한다고 덧붙인다. 이는 시인 자신의 존재만을 인식하면서 독백적인 담론을 경계하라는 명언일 것이다. 복잡다단한 현대생활에서 자신의 정서와 심중이 어머니를 비롯한 주변의 다른 시적 화자와 지향점이 한결같이 미감(美感)의 주제로 형상화하는 것은 시가 절대적인 영혼의 다감(多感)한 음악이 되어야 한다는 시학(詩學)의 근본 원리인 것이다.

시집 출간을 진심으로 축하한다.

김 선 희 시집
바람 부는 날이면

2020년 5월 25일 초판 인쇄
2020년 5월 30일 초판 발행

지 은 이 ‖ 김 선 희
발 행 인 ‖ 정 병 국

펴 낸 곳 ‖ 도서출판 지식과사람들
등록번호 ‖ 제2-3436
주 소 ‖ 서울 중구 충무로 2길 20(충무로4가 3층)
대표전화 ‖ 02-2277-7674
E-mail ‖ jisik1198@naver.com
ISBN ‖ 978-89-94571-50-8

값 10,000원

·인지는 저자와의 합의로 생략합니다.
·잘못된 책은 교환해 드립니다.